Inhalt

Go global! - Mehr Erfolg mit Export

Kernthesen

Beitrag

Fallbeispiele

Weiterführende Literatur

Impressum

Go global! - Mehr Erfolg mit Export

Harald Reil

Kernthesen

- Zahlreiche Studien haben nachgewiesen, dass Unternehmen, die ins Exportgeschäft einsteigen, erfolgreicher sind als Firmen, die sich auf den Inlandshandel beschränken.
- Doch viele kleine und mittelständische Betriebe (KMU) scheuen den bürokratischen Aufwand und sehen in komplizierten Zoll-, Steuer- und Rechtsbestimmungen große Hindernisse.
- Fachleute von Industrie- und Handelskammern (IHK), Handwerkskammern (HK) sowie Außenhandelskammern (AHK) können Starthilfe geben. Die Kammern sind meist erste Anlaufstellen bei allen Finanzierungs-

und Absicherungsfragen.
- Die Fähigkeit heimischer Unternehmen, sich erfolgreich zu internationalisieren, hat ihre historischen Wurzeln nicht zuletzt in der deutschen Kleinstaaterei vor der Gründung des Kaiserreichs.

Beitrag

Erfolgversprechende Strategie: Internationalisierung des Geschäfts

Deutschland hat sich bisher erstaunlich erfolgreich gegen die europäische Finanzkrise gestemmt. Die Wirtschaft läuft nicht nur im Vergleich mit den übrigen Nationen des Euroraums wie geschmiert, auch die Arbeitslosenquote ist mit 5,5 Prozent geradezu sensationell niedrig, was ein Blick vor allem auf Länder wie Spanien, Griechenland und Portugal verdeutlicht. Dort lauten die entsprechenden Werte 25,1, 24,4 und 15,9 Prozent. Nur Österreich weist mit einer Arbeitslosenquote von 4,5 Prozent einen niedrigeren Grad der Beschäftigungslosigkeit aus (Stand: Anfang Oktober 2012). Die Frage, die sich angesichts dieser Demonstration der Stärke der Rest

Europas stellt, lautet: Warum steht Deutschland fest wie eine Trutzburg inmitten vieler anderer wankender europäischer Staaten? Eine monokausale Erklärung greift zur Erhellung dieses Phänomens bestimmt zu kurz, genauso sicher aber ist, dass ein wesentlicher Faktor die Exportbereitschaft vieler deutscher Unternehmen ist - ein Mut zum Risiko, der fest in der Geschichte der Deutschen verankert ist und, wie Fachleute gerne betonen, der aus der Notwendigkeit geboren wurde. Dabei waren es neben den großen Konzernen immer wieder auch deutsche Mittelständler, die sich im internationalen Vergleich als "Hidden Champions" erfolgreich positionieren konnten. Dass dieser Hang zur Internationalisierung auch weiterhin eine erfolgversprechende Strategie ist, haben zahlreiche Untersuchungen untermauert. (1), (2), (6)

Auch kleine und mittelständische Unternehmen profitieren von Exportgeschäften

Nicht nur deutsche Konzerne profitieren vom Exportgeschäft, auch mittelständische und kleine Unternehmen tun gut daran, sich international aufzustellen. Das hat eine jüngst veröffentlichte Analyse der KfW Bankengruppe mit Sitz in Frankfurt am Main herausgefunden. Das Fazit: Wer über den Tellerrand des eigenen Landes hinausblickt, ist nicht nur produktiver als Firmen, die lieber innerhalb der Grenzen des Heimatlandes bleiben, sondern auch konkurrenzfähiger und sogar innovativer. Das Geschäft mit ausländischen Märkten erfüllt außerdem eine Pufferfunktion: Läuft es im eigenen Land einmal weniger gut, kann die Nachfrage aus dem Ausland Umsatz- und Gewinndellen zumindest ausgleichen. (2)

Bürokratie schreckt viele KMU vor internationalen Geschäften ab

Obwohl Deutschland zusammen mit China und den USA zu den drei großen Exportnationen der Welt zählt, ist die Anzahl der Unternehmen, die mit dem Ausland Handel treiben, nach oben hin noch ausbaufähig. Denn noch immer scheuen viele kleine und mittelständische Firmen vor dem Schritt zurück, ihr Geschäft zu internationalisieren. Der Grund dafür sind eine ganze Reihe von bürokratischen Hürden, die sie überwinden müssen und die für kleine Betriebe, die nur über begrenzte Ressourcen verfügen, ungleich schwerer zu meistern sind als für große Unternehmen oder gar Konzerne. Vor allem die komplizierten Zoll-, Steuer- und Rechtsbestimmungen, die für unterschiedliche Länder auch noch unterschiedlich geregelt sind, schrecken viele KMU ab, den Schritt hinweg über die Grenzen des eigenen Landes zu wagen. Wenn die ausufernde bürokratische Belastung auch ein ernstzunehmender Faktor ist, so sind Exporteure in spe doch nicht auf sich alleine gestellt. Unterstützung bekommen sie unter anderem von Industrie- und Handelskammern, den Handwerkskammern oder den Auslandshandelskammern. Die Fachleute, die dort arbeiten, haben auch Antworten auf Fragen zur Finanzierung und Absicherung. (2)

Kleines Land, ganz groß: Deutschland zählt zu den bedeutendsten Exportnationen

Der Mut und die Fähigkeit zur Internationalisierung ist also einer der Schlüssel des deutschen Erfolges in der gegenwärtigen Krise. Einige Fachleute führen diese erstaunliche Begabung für Exportgeschäfte auf historische Wurzeln zurück. Sie argumentieren, dass deutsche Unternehmen vor der Gründung des Kaiserreichs im Jahr 1871 in dem politischen Umfeld der Kleinstaaterei, in dem sie agierten, geradezu gezwungen wurden, die Kompetenzen zu entwickeln, die für Geschäfte mit dem Ausland notwendig sind. Diese Fertigkeiten wurden von einer Generation zur nächsten tradiert und bilden auch heute noch die Grundlage für einen erfolgreichen Außenhandel. Nicht von ungefähr ist Deutschland also eine der großen und bedeutenden Exportnationen der Welt. Auch dieses Jahr ist die heimische Wirtschaft in punkto Außenhandel wieder auf einem sehr guten Weg. Der Trend soll sich 2013 fortsetzen. Der Deutsche Industrie- und Handelskammertag ist daher optimistisch, dass sich Deutschland im kommenden Jahr hinter China und noch vor den USA zum Exportvizeweltmeister krönen kann. (1), (7)

Trends

Umwelttechnologie: Exportschlager der nahen Zukunft

Die Nuklearkatastrophe in Fukushima hat die Bedeutung regenerativer Energien und die dazugehörige Technik weltweit in den Mittelpunkt des öffentlichen Interesses gerückt. Für deutsche Unternehmen ist das eine große Chance, nicht nur in ihren bisherigen Domänen - Maschinen- und Anlagenbau, Automobile und Elektrotechnik - international durchzustarten. Vor allem hochspezialisierten kleinen und mittleren

Unternehmen (KMU), die sich mit ihrer Innovationskraft rund um alle Aspekte der Umwelttechnologie bereits einen Namen gemacht haben, wird diese Entwicklung zugutekommen. Sie werden sich zunehmend internationalisieren und haben dank ihres Know-hows beste Voraussetzungen, den Markt auch gegen starke Konkurrenz aus dem Ausland zu dominieren. (1)

Fallbeispiele

Kleiner Berliner Photometer-Produzent exportiert in 50 Länder

Die Riele GmbH & Co. KG, die in Berlin mithilfe von 20 Mitarbeitern Photometer für die Medizinbranche herstellt, hat schon vor einem Vierteljahrhundert mit dem Exportgeschäft begonnen. Seither hält Riele entschlossen an diesem Kurs fest. Nach einer Phase der Kooperation mit zwei größeren Partnern betreibt der Betrieb sein Auslandsgeschäft mittlerweile selbstständig. Für das kleine Unternehmen war es zwar zunächst eine Herkulesaufgabe, sich mit Zoll-, Steuer-, Finanzierungs- und Absicherungsfragen auseinanderzusetzen, der Aufwand hat sich mittlerweile aber längst ausgezahlt. Riele exportiert seine Photometer in 50 Länder, vor allem in Nationen im östlichen Europa, in Afrika, in Südost-Asien und im Nahen Osten. (1)

Pixip.net wickelt 90 Prozent seines Geschäfts mit dem Ausland ab

Die Pixip.net GmbH, eine in Garching bei München ansässige Firma, die Testsysteme für Mobilfunkanbieter auf der ganzen Welt entwickelt, setzt konsequent auf Internationalisierung. Bereits 90 Prozent seines Geschäfts wickelt das Unternehmen mit Kunden aus dem Ausland ab. Die Geschäftsführung räumt zwar Anfangsschwierigkeiten mit der Zoll- und Steuerbürokratie sowie mit der Finanzierung und Absicherung ein, dennoch habe sich der Einsatz gelohnt. Mit der LfA Förderbank Bayern hat das Unternehmen einen verlässlichen Partner gefunden. Das Auftragsgarantieprogramm der Bank sorgt bei allen finanziellen Fragen für Transparenz und beruhigt die Auftraggeber mit Sicherheiten. (1)

Eterna will zum führenden Hemdenhersteller Europas

aufsteigen

Eterna hat vor kurzem eine Mittelstandsanleihe emittiert, mit der das Unternehmen 35 Millionen Euro eingenommen hat. Es ist das strategische Ziel der Passauer, ihr Geschäft international auszuweiten und bis zum Jahr 2020 zum führenden Hemden- und Blusenhersteller Europas aufzusteigen. Einige Daten und Fakten zu Eterna: In Deutschland hält das Unternehmen einen Marktanteil von elf Prozent. Es liefert seine Ware rund um den Globus an zirka 5 000 Händler, etwa die Hälfte davon sitzt in Deutschland. Von den knapp 1 070 Mitarbeitern sind 340 in Deutschland, 730 in der Slowakei beschäftigt, wo die Hemden und Blusen auch hergestellt werden. [(3)](), [(4)](), [(5)]()

IHKs als wichtige Anlaufstellen auch in Bezug auf interkulturelle Kompetenz

Auf dem Weg in fremde Märkte sind IHKs aufgrund ihres Beratungs-, Informations- und Veranstaltungsangebots wichtige Anlaufstellen für Unternehmen. Sie öffnen nicht nur Türen zu interessanten Märkten oder beraten rund um das Zoll- und Außenhandelsrecht, gefragt sind immer häufiger auch Hinweise und Tipps, wie man sich gegenüber den Geschäftspartnern im jeweiligen Land verhalten sollte. Im Zuge der Globalisierung gewinnt interkulturelle Kompetenz für Unternehmen immer mehr an Bedeutung. Neben Leitfäden und Literaturtipps liefern die IHKs daher auch Wissenswertes über Land und Leute, nützliche Adressen sowie Verhaltenstipps. Ein Beispiel hierfür sind die "IHK Pocket-Guides - Interkulturelle Kompetenz für die Westentasche" zu ausgesuchten Auslandsmärkten (www.ihk-interkulturelle-kompetenz.de). (8)

Weiterführende Literatur

(1) Erfolgsrezepte der Klassenbesten
aus manager-magazin.de vom 18.09.2012

(2) Export - Kleine Firmen erobern die Welt
aus ProFirma, Vol. 15, Heft 10/2012, S. 26-31

(3) Eterna will frisches Geld für mehr Läden
aus TextilWirtschaft 37 vom 13.09.2012 Seite 007

(4) Verkannt in alle Ewigkeit?
aus Creditreform Nr. 10 vom 05.10.2012 Seite 008

(5) Neuer Run auf Mini-Bonds
aus Markt und Mittelstand vom 05.10.2012, Nr. 10, S. 42

(6) Arbeitslosigkeit im Euroraum steigt weiter
aus Frankfurter Allgemeine Zeitung, 02.10.2012, Nr. 230, S. 11

(7) Deutscher Außenhandel überrascht positiv
aus de.init.bfai.fachdb.model.Mkt

(8) Für reibungslose Auslandsgeschäfte
aus IHK-Magazin - Wirtschaftsnachrichten der IHK Mittlerer Niederrhein Nr. 10 vom 01.10.2012 Seite XII

Impressum

Go global! - Mehr Erfolg mit Export

Bibliografische Information der deutschen Nationalbibliothek

Die Deutsche Nationalbibliothek verzeichnet diese Publikation in der deutschen Nationalbibliografie; detaillierte bibliografische Daten sind im Internet über http://dnb.d-nb.de abrufbar.

ISBN: 978-3-7379-1292-1

© 2015 GBI-Genios Deutsche Wirtschaftsdatenbank GmbH, Freischützstraße 96, 81927 München, www.genios.de

Alle Rechte vorbehalten. Dieses Werk ist einschließlich aller seiner Teile – z.B. Texte, Tabellen und Grafiken - urheberrechtlich geschützt. Jede Verwertung außerhalb der Grenzen des Urheberrechtsgesetzes bedarf der vorherigen Zustimmung des Verlags. Dies gilt insbesondere auch für auszugsweise Nachdrucke, fotomechanische Vervielfältigungen (Fotokopie/Mikroskopie), Übersetzungen, Auswertungen durch Datenbanken oder ähnliche Einrichtungen und die Einspeicherung und Verarbeitung in elektronischen Systemen.